ややこしや

伝《でん》統《とう》芸《げい》能《のう》にふれてみよう

まえがき

～何百年《なんびゃくねん》もつづく日本《にほん》の技《わざ》は、やっぱりすごい！～

「伝統芸能《でんとうげいのう》」は、学校《がっこう》の教科書《きょうかしょ》にものっているから、
すこしは、みたり聞《き》いたりしたことがあるかもしれないね。
「遠《とお》いむかしのことだし、なんだかむずかしいなぁ」と思《おも》うかもしれないけれど、
イキのいいことばや、おもしろいおしばいがたくさんあるんだよ。

「ややこしや」というはやしことばは、野村萬斎《のむらまんさい》さんが新《あたら》しくつくった狂言《きょうげん》に出《で》てくるもの。

みているみんながすぐにおぼえて、いろんなところでおどったり歌《うた》ったりしてくれるようになった。

ここから狂言《きょうげん》にしたしんでくれた人《ひと》も、おおかったんじゃないかな。

むかしからあるものと、今《いま》の時《じ》だいに作《つく》られたもの、両方《りょうほう》を知《し》ることは大切《たいせつ》だね。

萬斎《まんさい》さんの動《うご》きは、狂言《きょうげん》という伝統芸能《でんとうげいのう》の「型《かた》」にもとづいているもの。

「型《かた》」はきほんちゅうのきほんで、むかしから今《いま》まで、ずっとかわらず、うけつがれてきたものなんだ。

「型《かた》」があるからこそ、新《あたら》しいこともできる。そうやって、何百年《なんびゃくねん》もつづいてきたんだね。

狂言《きょうげん》や人形浄瑠璃文楽《にんぎょうじょうるりぶんらく》や歌舞伎《かぶき》のような伝統芸能《でんとうげいのう》っていうのは、声《こえ》の出《だ》しかたにとくちょうがある。

ちょっとみんなもやってみよう。

せぼねをピンと立《た》てて、ヘソの下《した》にグッと力《ちから》を入《い》れて、おなかから「あー」と声《こえ》を出《だ》してみる。

どうかな？

このやりかたで、この本《ほん》にのっていることばを声《こえ》に出《だ》して読《よ》んでみよう。

伝統芸能《でんとうげいのう》のことばは、声《こえ》の出《だ》しかたとセットで生《う》まれているものだから、

やっていくうちにリズムがつかめてくるよ。

伝統芸能《でんとうげいのう》のもうひとつのみりょくは「技《わざ》」。

おどりや歌《うた》、いしょうのあざやかさや、人形作《にんぎょうづく》りのこまやかさは、せかいにほこれる日本《にほん》の技《わざ》なんだ。

人形浄瑠璃文楽《にんぎょうじょうるりぶんらく》の人形《にんぎょう》は、動《うご》かしかたがとてもせんさいで、本《ほん》ものの人間《にんげん》が動《うご》いているようにみえるよね。

耳《みみ》で聞《き》く楽《たの》しみ、目《め》でみる楽《たの》しみ、そして自分《じぶん》で声《こえ》を出《だ》して読《よ》んでみる楽《たの》しみ。

伝統《でんとう》にふれるのは、ここからスタートだ。

ひとつでもふたつでも、伝統芸能《でんとうげいのう》のおもしろさをかんじとってみよう！

読者《どくしゃ》のみなさまへ

●この本《ほん》でとりあげている名文《めいぶん》やことばは、NHK《エヌエイチケイ》 E《イー》テレ「にほんごであそぼ」の番組《ばんぐみ》でしょうかいしたものです。番組内《ばんぐみない》でのセリフや、文《ぶん》しょうの元《もと》となる出典《しゅってん》に合《あ》わせて表記《ひょうき》していますので、げんざいのおくりがなや、読《よ》み方《かた》とちがうところがあります。

●とくにおぼえてほしいフレーズや、たいせつなところは文字《もじ》を大《おお》きくしたり、黄色《きいろ》のマーカーを入《い》れました。 いしきして読《よ》んでみてください。

もくじ

「まちがいの狂言《きょうげん》」

高《たか》橋《はし》康《やす》也《なり》

ややこしや、ややこしや。
ややこしや、ややこしや。
ややこしや、ややこしや。

わたしがそなたで、そなたがわたし。
そも、わたしとは、なんぢゃ《じゃ》いな。
ややこしや、ややこしや。
ややこしや、ややこしや。

表《おもて》がござれば、裏《うら》がござる。
影《かげ》がござれば、光《ひかり》がござる。
ややこしや、ややこしや。
ややこしや、ややこしや。

ひとりでふたり、ふたりでひとり。
嘘《うそ》が誠《まこと》で、誠《まこと》が嘘《うそ》か。
ややこしや、ややこしや。
ややこしや、ややこしや。
ややこしや、ややこしや。

【解説】シェイクスピアの「間違《まちが》いの喜劇《きげき》」をもとにつくられた、新しい狂言作品《きょうげんさくひん》。商人《しょうにん》の直介《なおすけ》と妻《つま》が、ふたごの息子《むすこ》、ふたごのおつきの者《もの》と旅《たび》をしているときに船《ふね》がなんぱして、息子の一人、おつきの一人と生《い》きわかれになってしまいます。二組のふたごをめぐって、どっちがどっちだかわからなくなるようすが「ややこしや、ややこしや」というユニークなはやしことばにあらわれています。

「ややこしや」は、リズムがよくて、すぐにおぼえてしまうよ。こんなふうに、ふだんの生活のなかでも、どっちがどっちだかわからないことって、よくあるよね。それをみつけて、自分なりの「ややこしや」を作ってみよう。友だちといっしょに考えたら、いっぱい作れそうだね。

「法螺侍《ほらざむらい》」

高橋《たかはし》康也《やすなり》・野村《のむら》萬斎《まんさい》・
河合《かわい》祥一郎《しょういちろう》

笑《わろ》ふ《う》が人生《じんせい》、笑《わら》は《わ》るるも人生《じんせい》。
人間《にんげん》、所詮《しょせん》、道化《どうけ》に過《す》ぎぬわい。

この世《よ》は、すべて狂言《きょうげん》ぢや《じゃ》。
人《ひと》は、いづれも道化《どうけ》ぢや《じゃ》ぞ。
どうどう、けろけろ、どうぢや《じゃ》いな。
どうどう、けろけろ、どうぢや《じゃ》いな。

踊《おど》る道化《どうけ》に、見《み》る道化《どうけ》。
同《おな》じ道化《どうけ》なら、踊《おど》らにや《ゃ》、損々《そんそん》。

【解説】
イギリスのシェイクスピア劇《げき》をだいざいにしたオペラ「ファルスタッフ」をもとに、あたらしい狂言作品《きょうげんさくひん》としてつくられたもの。主人《しゅじん》のわるだくみを知った太郎冠者《たろうかじゃ》と次郎冠者《じろうかじゃ》が、みんなできょう力して主人をこらしめます。「どうどう、けろけろ、どうぢや《じゃ》いな」というはやしことばのくりかえしが、えんじる人とみる人両方《りょうほう》をものがたりせかいの中に引きこみます。

どうどう、　けろけろ、　どうぢや《じゃ》いな。
どうどう、　けろけろ、　どうぢや《じゃ》いな。
笑《わら》う道化《どうけ》に、　泣《な》く道化《どうけ》。
同《おな》じ道化《どうけ》なら、　笑《わら》わにや《ゃ》、　損々《そんそん》。
どうどう、　けろけろ、　どうぢや《じゃ》いな。
どうどう、　けろけろ、　どうぢや《じゃ》いな。

あそぶ道化《どうけ》に、　寝《ね》る道化《どうけ》。
同《おな》じ道化《どうけ》なら、　あそばにや《ゃ》、　損々《そんそん》。
どうどう、　けろけろ、　どうぢや《じゃ》いな。
どうどう、　けろけろ、　どうぢや《じゃ》いな。

「鐘《かね》の音《ね》」

則《すなわ》ちこれに寺《てら》が有《あ》る。
先《ま》づ此鐘《このかね》の音《ね》を聞《き》かう。
えいえいえい。
ぢや《じゃ》んもんもんもんも。
先《ま》づ是《これ》は大抵《たいてい》の音《ね》ぢや《じゃ》。
又是《またこれ》に寺《てら》が有《あ》る。
此鐘《このかね》の音《ね》を聞《き》かう。
えいえいえい。
ぱーん。
さてもさてもさても薄《うす》い音《ね》ぢや《じゃ》。

もそつ《っ》とほかの寺《てら》へ参《まい》ら《ろ》う。
又是《またこれ》に寺《てら》が有《あ》る。
先《ま》づ此鐘《このかね》の音《ね》を聞《き》かう。
えいえいえい。
じやぐわ《（じゃが）》じやぐわ《（じゃが）》
じやぐわ《（じゃが）》じやぐわ《（じゃが）》じやぐわ《（じゃが）》。
こりや破《わ》れ鐘《がね》ぢや《じゃ》。
またほかの寺《てら》へ参《まい》ら《ろ》う。
あれに大《おお》きな寺《てら》が有《あ》る。

さらば此鐘《このかね》の音《ね》を聞《き》か《こ》う。
えいえいえい。
こんもんもんもんも。
さてもさても冴《さ》へ《え》たよい音《ね》かな。
さりながら念《ねん》の爲《ため》ぢゃ《じゃ》。
も一度《いちど》聞《き》いて見《み》よう。
えいえいえい。
こんもんもんもん
もんもんもんもんも。

【解説】
むすこのために黄金の太刀《たち》をつくりたいから、鎌倉《かまくら》にいって「金《かね》の値《ね》」(金のねだん)を聞いてくるようにいわれた、めしつかいの太郎冠者《たろうかじゃ》。鎌倉にはお寺がおおい。「金《かね》の値《ね》」を「鐘《かね》の音《ね》」とかんちがいして、主人にいろいろな鐘の音をほうこくします。太郎冠者が鐘の音をみごとにうたいわけるのがみどころです。

狂言《きょうげん》は、650年くらい前の「室町時だい」からある伝統芸能《でんとうげいのう》。その時だいの人たちの日じょう生活をテーマに、人と人との会話で話がすすんでいくからわかりやすいんだ。ちょっとしたできごとや、しっぱいなどを、おもしろおかしくえがいていて、思わずわらってしまうよ。

「雷《かみなり》」

ぴかーり

ぐわ《が》ら　ぐわ《が》ら　ぐわ《が》ら　ぐわ《が》ら

ぴかーり

【解説】

空からおちてこしをいためたかみなりは、医者《いしゃ》にうってもらったはりがいたくて、ひめいをあげてしまいます。「ぴかーり」というなびかり、「ぐわ《が》ら　ぐわ《が》ら」というかみなりの音を体であらわすところに、狂言《きょうげん》どくとくの〈遊《あそ》び〉があります。きょうげんには、体の使《つか》いかたのやくそくごとがあり、これを〈型《かた》〉といいます。

「釣針《つりばり》」

釣《つ》ら《ろ》うよ　釣《つ》ら《ろ》うよ
海老《えび》で鯛《たい》を　釣《つ》ら《ろ》うよ

【解説】どくしんの主人と太郎冠者《たろうかじゃ》は、のぞみのものが手に入る釣針《つりばり》で、妻《つま》をつることにします。番組ではかえうたですが、もともとは「釣《つ》ら《ろ》うよ　釣《つ》ら《ろ》うよ　奥様《おくさま》を釣《つ》ら《ろ》うよ　眉目《みめ》の美《よ》いを　釣《つ》ら《ろ》うよ　十七八《じゅうしちはち》を釣《つ》ら《ろ》うよ」となっていて、「奥《おく》さんをつろうよ、みためのよい、十七、八さいのわかい女の人をつろうよ」といういみです。

「蚊《か》相《ず》撲《もう》」

いいやあ　いいやあ
やっとな
いいやあ　いいやあ
やっとな
いいやあ　いいやあ
ぷう

これは　いかなこと
やっとな

【解説】

大名から、新しいめしつかいをさがしてくるようにいわれた太郎冠者《たろうかじゃ》。つれてかえった男は、じつは人間にばけた「蚊《か》の精《せい》」でした。大名はすもうのあい手をさせるのですが、蚊にさされて目をまわしてしまいます。蚊と人間がすもうをとって蚊が勝《か》つところが、狂言《きょうげん》ならではのおもしろさです。

やっとな
やっとな
やっとな
やっとな
かったぞ　かったぞ

「蝸牛《かぎゅう》」

雨《あめ》も風《かぜ》も吹《ふ》かぬに　出《で》ざ釜《かま》打《う》ち割《わ》ろう
でんでんむしむし

【解説】
太郎冠者《たろうかじゃ》は、竹やぶでねていた山伏《やまぶし》を蝸牛《カタツムリ》と思いこみ、つれてかえります。カタツムリになりすました山伏《やまぶし》は、「でんでんむしむし」とはやしながら、だんだんと太郎冠者と主《しゅ》人《じん》をまきこみます。はやしことばのいみは、「雨も風もふかないのに、出ないとからをうちわるぞ」「出よ、出よ、虫」です。

「千鳥《ちどり》」

浜千鳥《はまちどり》の　友呼《ともよ》ぶ声《こえ》は
ちりちりや　ちりちり
ちりちりや　ちりちりと
ちり飛《と》んだり

【解説】
太郎冠者《たろうかじゃ》は、主人《しゅじん》から酒《さけ》を買ってくるようにいわれます。酒ずきの主人のせいで、お金はありません。太郎冠者は、酒屋《さかや》と話しているすきに、酒のたるをもってかえろうとします。酒屋といっしょに千鳥のうたをうたいながらにげようとしますが、つかまってしまう。二人のかけひきがみどころです。

「呼声《よびこえ》」

太郎冠者殿《たろうかじゃどの》　宿《やど》にござるか
宿《やど》にござらば　お目《め》にかかろぞ
太郎冠者殿《たろうかじゃどの》　留守《るす》でござる
御用《ごよう》ござらば　仰《おお》せられい

【解説】
むだんで休んだ太郎冠者《たろうかじゃ》のもとに、主人《しゅじん》と次郎冠者《じろうかじゃ》がきます。べつじんのような声でるすのふりをする太郎冠者に、主人はいろいろなふしでよびかけます。「太郎冠者さん、家にいるならでてきてください」「太郎冠者さんはるすなので、なにかでんごんがあればおっしゃってください」というやりとりから、だんだんとうたいおどるようになっていきます。

「末《すえ》廣《ひろ》か《が》り」

大果報《だいかほう》のもの。
天下《てんが》治《おさ》まりめでたい御代《みよ》なれば、
上々《うえうえ》のお事《こと》は申《もう》し上《あ》ぐるに及《およ》ばず。
下々《したじた》までも存《ぞん》ずるままのめでたいお正月《しょうがち》でござる。

【解説】
主人《しゅじん》から「末《すえ》廣《ひろ》か《が》り」（おうぎ）を買ってくるようにいわれた太《た》郎《ろう》冠《か》者《じゃ》は、「すっぱ」というさぎしにだまされて、古いかさを買わされてしまいます。主人にしかられた太郎冠者は、すっぱからおそわったうたや舞《まい》をひろうしてゆるしをえます。おうぎは、先にいくほど広がるので、おめでたいものとされています。

「奈須与市語《なすのよいちのかたり》」

その時《とき》　与市《よいち》
海潮《うしお》をむすび手水《ちょうず》とし
両眼《りょうがん》をふさぎ
南無《なむ》八幡《はちまん》大菩薩《だいぼさつ》
別《べっ》しては氏《うじ》の神《しん》
那須《なす》は湯泉大明神《ゆぜんだいみょうじん》
この矢《や》外《はず》させ給《たも》ふ《う》なよ
もし射損《いそん》ずるものならば
弓《ゆみ》を切《き》り折《お》り海《うみ》に入《い》り
人《ひと》に面《おもて》を向《む》くべからずと

懇《ねんご》ろに祈念《きねん》し
目《め》を開《ひら》いてみれば
風《かぜ》も少《すこ》しは弱《よわ》り
扇《おうぎ》もそと射《い》よげにぞ見《み》えにける
与市小兵《よいちこひょう》と言《い》ふ《う》条《じょう》
十二束三《じゅうにそくみっ》つがけ
取《と》つ《っ》てからりと打《う》ち番《つが》ひ《い》
よつ《っ》引《ぴ》き絞《しお》りあやまたず
扇《おうぎ》の要一寸《かなめいっすん》ばかりおいて
ひい

ぷつ《っ》つりと射《い》切《き》る
鏑《かぶら》は海《うみ》に入《い》りければ
しばしは鳴《な》りも止《や》まざりけり
扇《おうぎ》は春《はる》風《かぜ》に
一《ひと》揉《も》み二《ふた》揉《も》み揉《も》まれ
海《うみ》にさつ《っ》と入《い》る
つま紅《ぐれない》の扇《おうぎ》の
白浪《しらなみ》の上《うえ》に浮《う》かめるは
ただ紅《こう》葉《よう》の
水《みず》に散《ち》り浮《う》くがごとくなり

【解説】
平家《へいけ》の舟《ふね》から「このおうぎの的《まと》に矢《や》をいてみよ」といわれた源義経《みなもとのよしつね》。それをきいた後《ご》藤《とう》兵衛《びょうえ》実《さね》基《もと》は、奈須《なすの》与《よ》市《いち》をすいせんします。弓《ゆみ》の名手である与市は、みごとにいぬきます。一人で義経・実基・与市・かたり手の四役をえんじわけて、きんちょうしたばめんをひょうげんします。

「風《かぜ》の又《また》三《さぶ》郎《ろう》」

宮《みや》沢《ざわ》賢《けん》治《じ》

どっどど　どどうど
どどうど　どどう
あおいくるみも
ふきとばせ
すっぱいくゎ《か》りんも

【解説】
番組では、「どっどど　どどうど」「どどうど　どどう」という風の音を、「型《かた》」でひょうげんしました。型は、動作《どうさ》やようすのとくちょうをとりだして、きょうちょうしてあらわすもの。ひょうげんしたいものに気もちをしゅうちゅうして、自分のエネルギーをつめこむ。だから、みている人につたわるのです。

風の音を「ど」という音で
あらわしているんだね。
これを声に出していいながら、
体でひょうげんしてみると、
どんなふうになるだろう。
かんじたままにやってみよう。
ひらがな一文字だけでも、
なにかひょうげんはできるよね。
それが日本語の力なんだ。

ふきとばせ
どっどど　どどうど
どどうど　どどう

「かなしみはちからに」

宮《みや》沢《ざわ》賢《けん》治《じ》

かなしみは　ちからに
欲《ほ》りは　いつくしみに
いかりは智《ち》慧《え》に　みちびかるべし

ことばには、力づけられたり、
ゆう気づけられたりするものがたくさんあるんだ。
これもそのひとつ。かなしくなったとき、
「かなしみはちからに」と、気もちをこめて大きな声で
いってみると、力がわいてくる。
自分の声は自分の耳にもとどくから、ゆう気がでるんだね。

「セロ弾《ひ》きのゴーシュ」

宮《みや》沢《ざわ》賢《けん》治《じ》

なぜ　やめたんですか。
ぼくらなら
どんな意久地《いくじ》ないやつでも
のどから　血《ち》が出《で》るまでは
叫《さけ》ぶんですよ。

「寿《ことぶき》式《しき》三《さん》番《ば》叟《そう》」

おおさえ　おおさえ
悦《よろこ》びありや
我《わ》がこの所《ところ》よりも
他《ほか》へはやらじとぞ思《おも》ふ《う》

人形《にんぎょう》浄瑠璃《じょうるり》文楽《ぶんらく》は伝統《でんとう》のある人形げき。「浄瑠璃」というものがたりを語る太夫《たゆう》と、じょうけいを三味線《しゃみせん》というがっきでえんそうする三味線ひきと、一体の人形を三人でつかう人形つかいとでえんじるんだ。人形の動《うご》きがとてもせんさいで、本ものの人間が動いているようにみえるのがみりょくだよ。人形の作りにも動きにも、日本人ならではのこまやかさがあらわれているね。

【解説】
能《のう》の「翁《おきな》」をもとにした作品《さくひん》で、おめでたいとき、とくにお正月に歌い舞《ま》われます。「五《ご》穀豊穣《こくほうじょう》」といって、お米や麦などのこくもつがゆたかにみのることをねがって舞うのです。こくもつは、人のいのちをまもる大切なもの。かみさまに、そのねがいをとどけるための、神聖《しんせい》な舞《まい》です。

「月形半平太《つきがたはんぺいた》」

行友李風《ゆきともりふう》

春《はる》雨《さめ》じゃ濡《ぬ》れて行《い》こう

【解説】

「月形半平太《つきがたはんぺいた》」は武士《ぶし》たちのたたかいをえがく時だい劇《げき》で、新国劇《しんこくげき》のだいひょう作です。国劇とは歌舞伎《かぶき》のことで、いまから百年ちかく前に、新しい日本の劇をえんじようとできたのが、新国劇という劇だんです。

「駆《か》け込《こ》み訴《うった》え」

太宰治《だざいおさむ》

申《もう》し上《あ》げます。
申《もう》し上《あ》げます。
旦那《だんな》さま。
あの人《ひと》は、酷《ひど》い。
酷《ひど》い。
はい。厭《いや》な奴《やつ》です。

悪《わる》い人《ひと》です。
ああ、我慢《がまん》ならない。

これは、ただ「ひどい」「いやなヤツ」と、
わる口をいっているのではなくて、
とてもすきで、しんらいしていた人に
つめたくされたくやしさやにくしみが、
強くあらわれているんだ。
いかりとともに、かなしみも
つたわってくるような気がするね。
その気もちを考えながら、何回も読んでみよう。

はたらけど
はたらけど
猶《なお》わが生活《くらし》　楽《らく》にならざり
ぢ《じ》つ《っ》と手《て》を見《み》る

石《いし》川《かわ》啄《たく》木《ぼく》

うらを見《み》せ
おもてを見《み》せて
散《ち》るもみじ

良寛《りょうかん》

「ハムレット」

ウィリアム・シェイクスピア

訳《やく》 坪《つぼ》内《うち》逍遥《しょうよう》

世《よ》に在《あ》る
世《よ》に在《あ》らぬ
それが疑問《ぎもん》ぢゃ《じゃ》

為《な》せば成《な》る
為《な》さねば成《な》らぬ
何事《なにごと》も
成《な》らぬは人《ひと》の
為《な》さぬなりけり

上《うえ》杉《すぎ》鷹《よう》山《ざん》

「お気《き》に召《め》すまま」

ウィリアム・シェイクスピア

訳《やく》 齋《さい》藤《とう》孝《たかし》

世《せ》界《かい》は一《ひと》つの舞《ぶ》台《たい》
人《ひと》はみな役《やく》者《しゃ》

笑《わら》う門《かど》には福《ふく》来《きた》る

わらうのは、いいことや楽しいことがあったときだよね。
でも、わらうからこそ、いいことや楽しいことが
ふえるということもあるんだ。えがおでいると、
友だちがあつまってきて、ますます楽しくなる。
だからまずわらってみよう！
わらっていると、友だちもしあわせもどんどんふえるよ。

「弁天娘女男白浪《べんてんむすめめおのしらなみ》」

河竹黙阿弥《かわたけもくあみ》

知《し》らざあ言《い》って聞《き》かせやしょう。

浜《はま》の真砂《まさご》と五右衛門《ごえもん》が
歌《うた》に残《のこ》した盗人《ぬすっと》の
種《たね》は尽《つ》きねえ七里《しちり》が浜《はま》、
その白浪《しらなみ》の夜働《よばたら》き、
以前《いぜん》を言《い》やァ江《え》の島《しま》で
年季勤《ねんきづと》めの児《ちご》ヶ《が》淵《ふち》、
百味《ひゃくみ》講で散《ち》らす蒔銭《まきせん》を

【解説】

武家《ぶけ》のむすめと若党《わかとう》が万引きさわぎをおこすものの、しょうこはなくうたがいははれます。しかし、いあわせたさむらいが、むすめの正体を男とみやぶります。二人はぬすっと。むすめにばけていた弁天《べんてん》小僧《こぞう》が名のりをあげるのがこのばめん。じつは、このさむらいも二人のなかまであることがわかり、のちに五人のぬすっとがせいぞろいします。

当《あて》に小皿《こざら》の一文子《いちもんこ》、
百《ひゃく》が二百《にひゃく》と賽銭《さいせん》の
くすね銭《ぜに》せえだんだんに
悪事《あくじ》はのぼる上《かみ》の宮《みや》、
名《な》さえ由縁《ゆかり》の弁天小僧《べんてんこぞう》
菊之助《きくのすけ》たァおれがことだ。

歌舞伎《かぶき》というのは、400年くらいつづいている
日本の伝統芸能《でんとうげいのう》のこと。
かわったかっこうをすることを
「かぶく」といったところからきているんだね。
だから、いしょうもすごくこっているんだ。
セリフをいってえんじたり、
音楽にあわせておどったりして、
男《だん》せいだけでえんじるのがとくちょうだよ。

「楼門五三桐《さんもんごさんのきり》」

初代《しょだい》・並木《なみき》五瓶《ごへい》

絶景《ぜっけい》かな
絶景《ぜっけい》かな
春《はる》の眺《なが》めは
価千金《あたいせんきん》とは
小《ちい》せえ小《ちい》せえ。
この五右衛門《ごえもん》が目《め》からは

価《あたい》万両《まんりょう》、万々両《まんまんりょう》、ハテ、うららかな眺《なが》めじゃなァ……

【解説】
南禅寺《なんぜんじ》の山門の回ろうで、石《いし》川五右衛門《かわごえもん》がたばこをくゆらしながら、まんかいのさくらをめでているのがこのばめん。そこに一羽《いちわ》の鷹《たか》がとんできて、真柴久吉《ましばひさきち》という男が、五右衛門の実の父親とそだての父親、両方《りょうほう》のてきであることを知ります。いよいよ久吉がやってきて、二人のたたかいが始《はじ》まります。

春はポカポカとあたたかくて、木ぎがめぶいたり、きれいな花がさいたりするいい季《き》せつ。きれいなけしきをみて、そのかんどうを口にしたくなるのは、むかしも今も同じだね。遠足にいったら、けしきをながめながらみんなで「絶景《ぜっけい》かな、絶景《ぜっけい》かな」「ハテ、うららかな眺《なが》めじゃなァ」といってみよう。

「本朝廿四孝《ほんちょうにじゅうしこう》」

近松《ちかまつ》半二《はんじ》ほか

翼《つばさ》がほしい
羽根《はね》がほしい
飛《と》んで行《ゆ》きたい
知《し》らせたい

【解説】

戦国武将《せんごくぶしょう》の武田信玄《たけだしんげん》と上杉《うえすぎ》謙信《けんしん》は、信玄のむすこ・勝頼《かつより》と、謙信のむすめ・八重垣姫《やえがきひめ》をけっこんさせて、あらそいをやめることにしました。ですが、姫は勝頼が死《し》んだときかされます。そこに勝頼があらわれ、こんどこそころそうとする者たちからまもるために、勝頼のところにいきたいと姫がねがうばめんです。

「風《ふう》林《りん》火《か》山《ざん》」

孫《そん》子《し》

其《そ》の疾《はや》きこと　風《かぜ》の如《ごと》く
其《そ》の徐《しず》かなること　林《はやし》の如《ごと》く
侵《おか》し掠《かす》めること　火《ひ》の如《ごと》く
動《うご》かざること　山《やま》の如《ごと》し

これは、たたかうときの大切な心がまえをあらわしているんだ。自分に気合いを入れることばでもあるね。うんどう会や、だいじなテストの前に、足をかたはばにひらいて、ヘソのちょっと下あたりに、グッと力を入れて、大きな声でいってみよう。体中にエネルギーがみなぎってくるかんじがするよ。

「大漁《たいりょう》」

金《かね》子《こ》みすゞ《ず》

朝《あさ》焼《やけ》小《こ》焼《やけ》だ　大漁《たいりょう》だ
大《おお》羽《ば》鰮《いわし》の大漁《たいりょう》だ
浜《はま》は祭《まつ》りのようだけど
海《うみ》のなかでは何《なん》万《まん》の
鰮《いわし》のとむらいするだろう

絵《え》あわせかるた

其《そ》の二《に》

窓《まど》の雪《ゆき》

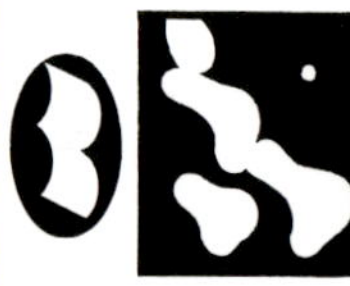

蛍《ほたる》の光《ひかり》

山《やま》ほととぎす初鰹《はつがつお》

目《め》には青《あお》葉《ば》

そこのけそこのけ御馬《おうま》が通《とお》る

雀《すずめ》の子《こ》

流《なが》れ寄《よ》る椰子《やし》の実《み》一《ひと》つ

名《な》も知《し》らぬ遠《とお》き島《しま》より

青《あお》い山《やま》

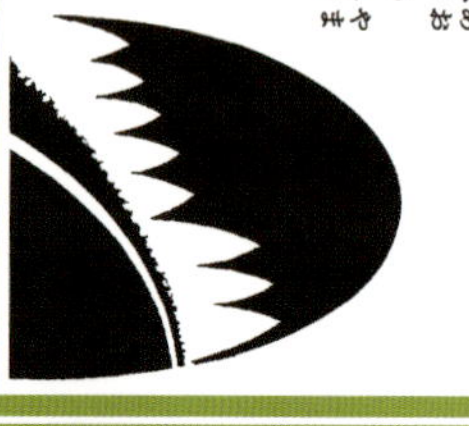

分《わ》け入《い》っても分《わ》け入《い》っても

桶屋《おけや》が儲《もう》かる

風《かぜ》が吹《ふ》けば

十五《じゅうご》の心《こころ》

空《そら》に吸《す》はれし

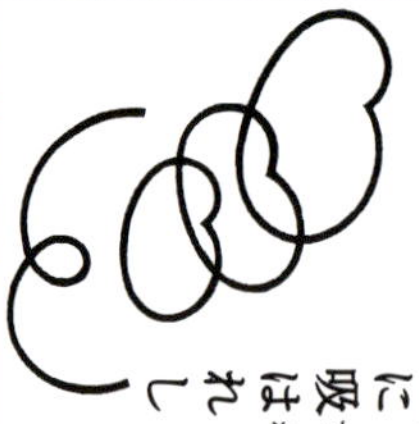

歩《ある》く姿《すがた》は百合《ゆり》の花《はな》

立《た》てば芍薬《しゃくやく》座《すわ》れば牡丹《ぼたん》

貴《とうと》しと為《な》す

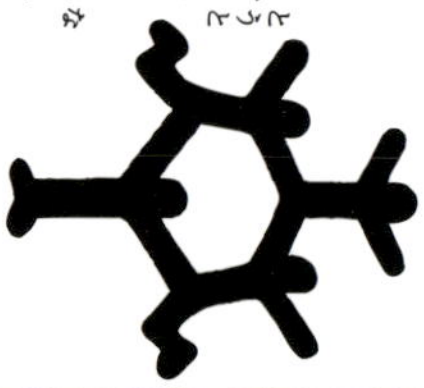

和《わ》を以《もっ》て

五分《ごぶ》の魂《たましい》

一寸《いっすん》の虫《むし》にも

山《やま》となる

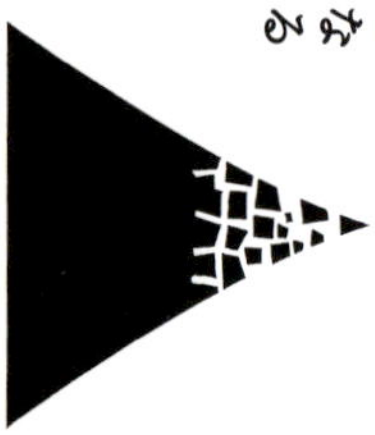

塵《ちり》も積《つ》もれば

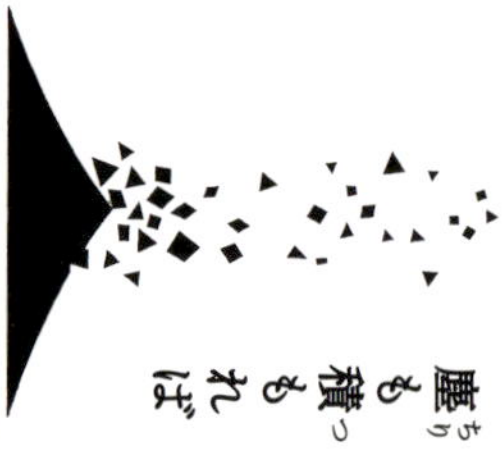

濡《ぬ》れて行《い》こう

春雨《はるさめ》じゃ

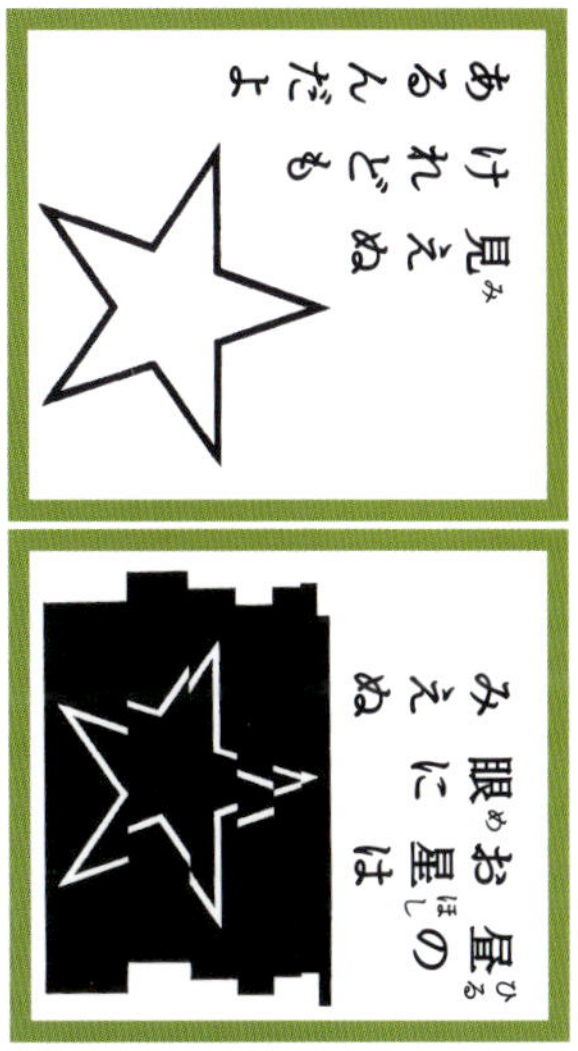
見《み》えぬけれどもあるんだよ
昼《ひる》のお星《ほし》は眼《め》にみえぬ

もものうち
すもももももも

御機嫌《ごきげん》さん
十五夜《じゅうごや》お月《つき》さん

火《ひ》もまた涼《すず》し
心頭《しんとう》を滅却《めっきゃく》すれば

いっておいでは
こころよ
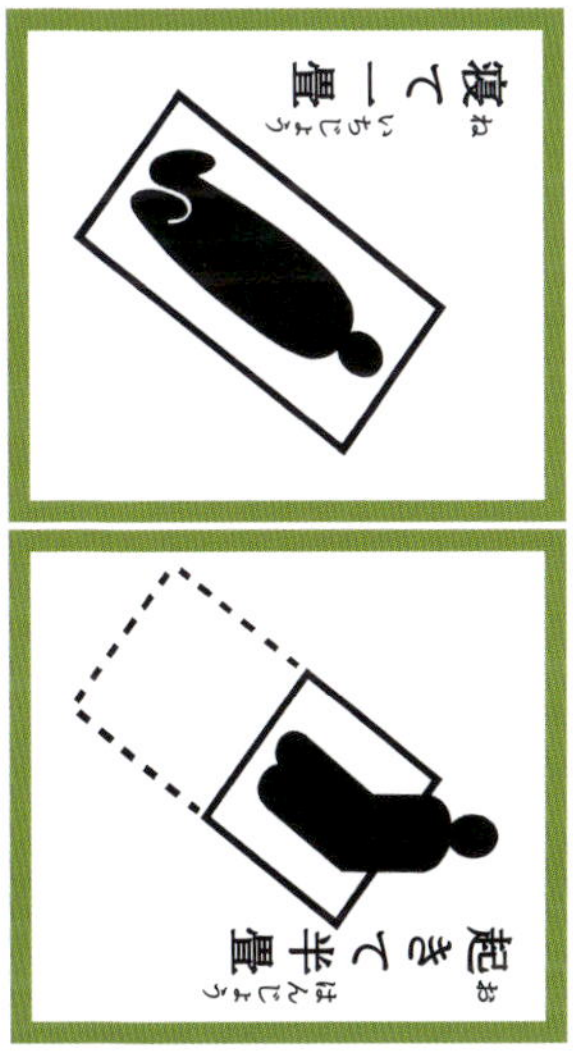
寝《ね》て一畳《いちじょう》
起《お》きて半畳《はんじょう》
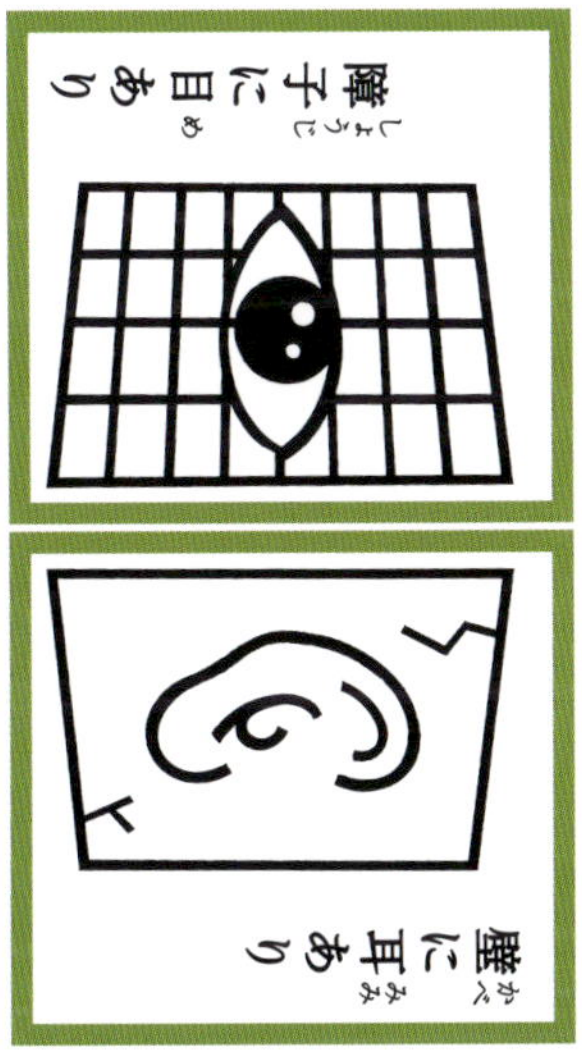
障子《しょうじ》に目《め》あり
壁《かべ》に耳《みみ》あり

大海《たいかい》を知《し》らず
井《い》の中《なか》の蛙《かわず》
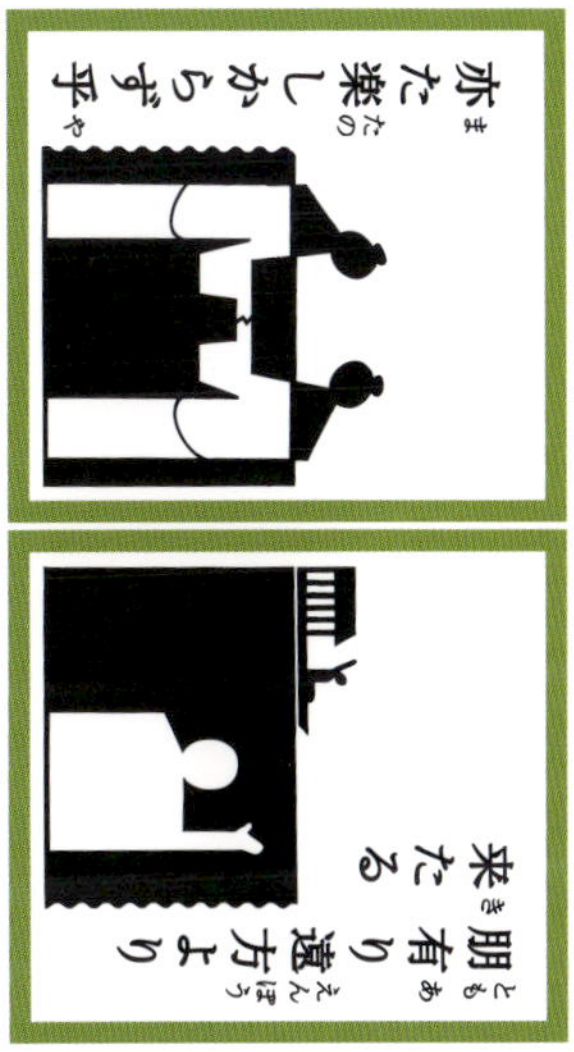
亦《ま》た楽《たの》しからず乎《や》
朋《とも》有《あ》り遠方《えんぽう》より来《き》たる

行《ゆ》きかふ《う》年《とし》も又《また》旅人《たびとなり》也
月日《つきひ》は百代《はくたい》の過客《かかく》にして
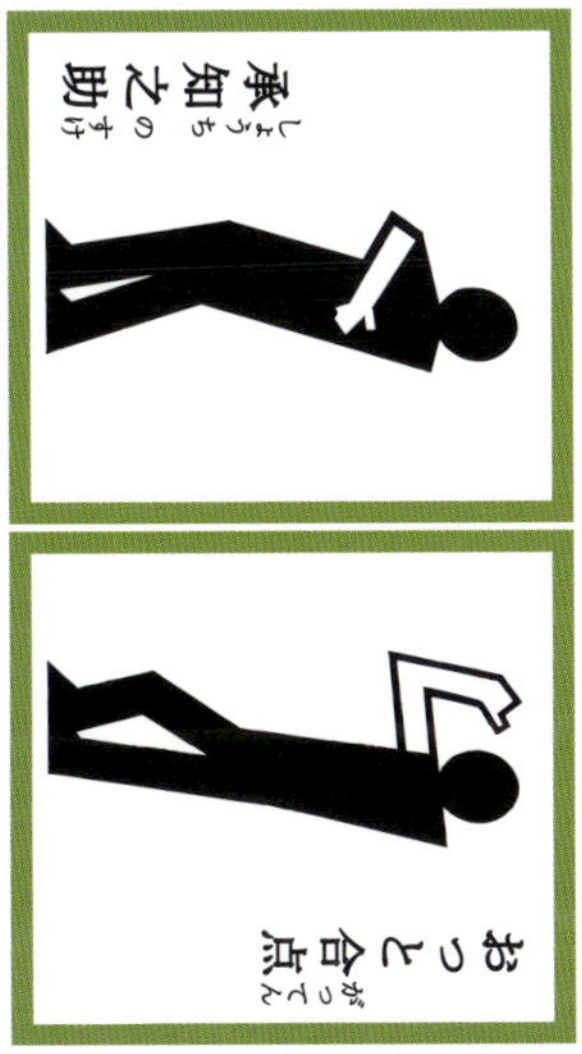
承知之助《しょうちのすけ》
おっと合点《がってん》

八十八夜《はちじゅうはちや》
夏《なつ》も近《ちか》づく

いろはにほへと
ちりぬるを

わがなすことは
われのみぞしる

好《す》きこそ
ものの上手《じょうず》なれ

三人《さんにん》寄《よ》れば
文殊《もんじゅ》の知恵《ちえ》

人間《にんげん》は
考《かん》える葦《あし》である

彼《かれ》を知《し》り
己《おのれ》を知《し》れば
百戦《ひゃくせん》して殆《あやう》からず

面白《おもしろ》き
こともなき
世《よ》を
面白《おもしろ》く

うらを見《み》せ
おもてを
見《み》せて
ちるもみじ

帯《おび》に短《みじか》し
襷《たすき》に長《なが》し

世界《せかい》は一《ひと》つの舞台《ぶたい》
人《ひと》はみな役者《やくしゃ》

冬来《ふゆき》たりなば
春遠《はるとお》からじ

捨《す》てる神《かみ》あれば
拾《ひろ》う神《かみ》あり

二《に》の字《じ》二《に》の字《じ》の下駄《げた》のあと

雪《ゆき》の朝《あさ》

山椒《さんしょ》の木《き》

驚《おどろ》き桃《もも》の木《き》

よく遊《あそ》べ

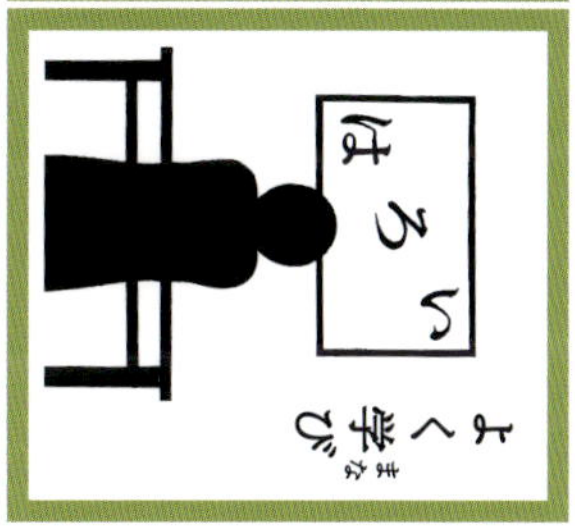
いろは
よく学《まな》び

聞《き》かぬは一生《いっしょう》の恥《はじ》

聞《き》くは一時《いっとき》の恥《はじ》

一体何《いったいなん》だろう

ほんとうのさいわいは

塞翁《さいおう》が馬《うま》

人間万事《にんげんばんじ》

小《ちい》さき者《もの》よ

行《ゆ》け勇《いさ》んで

福《ふく》来《き》たる
福

笑《わら》う門《かど》には

冬《ふゆ》はつとめて

秋《あき》は夕暮《ゆうぐれ》

竹《たけ》が生《は》え

光《ひか》る地面《じめん》に

来《き》たる者《もの》は拒《こば》まず

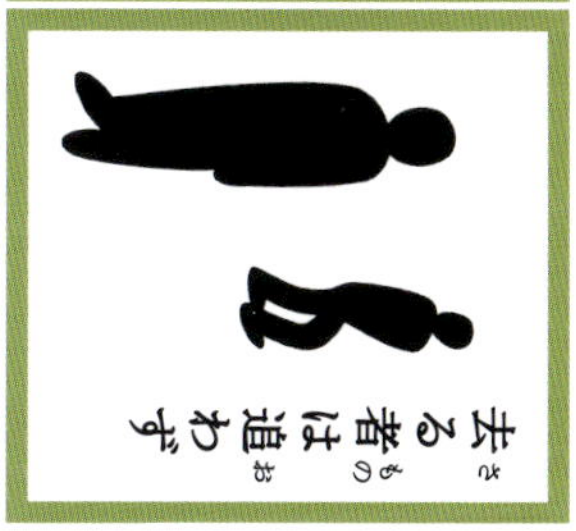
去《さ》る者《もの》は追《お》わず

ひとつの愛《あい》

夢《ゆめ》みたものは

NHK Eテレ「にほんごであそぼ」

ややこしや

伝統芸能にふれてみよう

初版発行　二〇一四年三月

NHK Eテレ「にほんごであそぼ」制作班／編

齋藤 孝／監修

NHK Eテレ「にほんごであそぼ」
番組企画・制作　NHK エデュケーショナル
番組プロデューサー　中村哲志　坂上浩子　中嶋尚江　久保なおみ
かるた絵　仲條正義
衣装・セットデザイン　ひびのこづえ

アートディレクション　佐藤 卓
デザイン　日下部昌子（佐藤卓デザイン事務所）

執筆・編集協力　佐藤 恵
DTP　遠山 実

発行所　株式会社 金の星社
〒一一一-〇〇五六　東京都台東区小島一-四-三
TEL　〇三-三八六一-一八六一（代表）
FAX　〇三-三八六一-一五〇七（代表）
印刷・製本　図書印刷 株式会社

振替 00100-0-64678
48ページ　25.8cm　NDC912　ISBN978-4-323-04444-6

Published by KIN-NO-HOSHI SHA Co.,Ltd, Tokyo JAPAN
http://www.kinnohoshi.co.jp

NHK Eテレ

にほんごであそぼ

全5巻

シリーズNDC810（日本語）
A4変型判 48ページ　図書館用堅牢製本

NHK Eテレ「にほんごであそぼ」制作班・編

「雨《あめ》ニモマケズ
名《めい》文《ぶん》をおぼえよう」
齋藤 孝・監修

「おっと合《がっ》点《てん》承《しょう》知《ち》之《の》助《すけ》
ことばをつかってみよう」
齋藤 孝・監修

「でんでらりゅうば
歌《うた》って日本《にほん》をかんじよう」
齋藤 孝・監修

「ややこしや
伝《でん》統《とう》芸《げい》能《のう》にふれてみよう」
齋藤 孝・監修

「あずましい
方《ほう》言《げん》・お国《くに》ことばのたび」
佐藤亮一・監修